BEI GRIN MACHT SICH IHR WISSEN BEZAHLT

Bibliografische Information der Deutschen Nationalbibliothek:

Die Deutsche Bibliothek verzeichnet diese Publikation in der Deutschen National-
bibliografie; detaillierte bibliografische Daten sind im Internet über http://dnb.d-
nb.de/ abrufbar.

Impressum:

Copyright © 2010 GRIN Verlag, Open Publishing GmbH
Druck und Bindung: Books on Demand GmbH, Norderstedt Germany
ISBN: 978-3-640-76879-0

Dieses Buch bei GRIN:

http://www.grin.com/de/e-book/160722/gruenden-fuer-die-benachteiligung-von-
migranten-beim-uebergang-schule

Tobias Herr

Gründen für die Benachteiligung von Migranten beim Übergang Schule – Ausbildung – Beruf

Er war wie sie – und doch anders? Oder: Praxisfeld "Jugendberufshilfe"

GRIN Verlag

GRIN - Your knowledge has value

Der GRIN Verlag publiziert seit 1998 wissenschaftliche Arbeiten von Studenten, Hochschullehrern und anderen Akademikern als eBook und gedrucktes Buch. Die Verlagswebsite www.grin.com ist die ideale Plattform zur Veröffentlichung von Hausarbeiten, Abschlussarbeiten, wissenschaftlichen Aufsätzen, Dissertationen und Fachbüchern.

Besuchen Sie uns im Internet:

http://www.grin.com/

http://www.facebook.com/grincom

http://www.twitter.com/grin_com

Gliederung

1. Vorwort – Fachlicher Kontext

„Grundlage der Sozialen Arbeit sind die Prinzipien der
Menschenrechte und der sozialen Gerechtigkeit. (...) Soziale
Arbeit wendet sich den Barrieren, Ungleichheiten und
Ungerechtigkeiten, die es in der Gesellschaft gibt, zu. Sie
reagiert genauso auf Krisen und Notlagen wie auf alltäglich
auftretende persönliche und soziale Probleme"

(vgl. Engelke 2003, S. 299 f.). Nach diesem Selbstverständnis,
welches sich die „International Federation of Social Workers"
als Übereinkunft von Montreal im Jahre 2000 gab, setzt sich
die Soziale Arbeit also <u>für</u> Chancengleichheit und <u>gegen</u>
Ausgrenzungsverhältnisse ein. Dies entspricht auch dem
Gesetzesauftrag des „Forderns und Förderns"[1]: Sie soll sich
trotz und mit ihrem doppelten Mandat von Kontrolle und
Unterstützung im Sinne ihrer Adressaten einsetzen. Damit gibt
sie sich auch ganz explizit die Aufgabe, gegen die (soziale
und andere) Benachteiligung von Migranten vorzugehen und wo
sie sie erspäht, auf dieselbe aufmerksam zu machen.

2. Was ist (heute) ein Migrant?

Bevor man sich eingehend mit der Materie (noch dazu einer solch heiklen)
beschäftigt, scheint es angebracht, zunächst den Gegenstand der Überlegungen zu
erläutern, um eine einheitliche Basis zu schaffen und mögliche Missverständnisse
auszuräumen. Gestolpert bin ich über dieses Wort zum ersten Mal bewußt, als ich
während meines Tuns im „GH"[2] unter den naturgemäß viele Jugendlichen, die ich
dort kennenlernte, auch einige Migranten traf. Dabei kam ich auf den Gedanken, daß
sich das Wort „Migrant" mittlerweile recht leicht sagen läßt und (ohnehin) politisch
korrekt ist. Ich konnte mich allerdings erinnern, daß vor Aufkommen dieses Wortes
sinngleich auch die Begriffe Gastarbeiter, Asylanten, Ausländer, Immigranten benutzt
wurden, und oft umgangssprachlich oder in anderen als sozialen Kontexten

---

[1] Grundlage hierfür ist § 1 (3) SGB VIII.
[2] Gelbes Haus Offenbach. Das „GH" ist eine Einrichtung der Initiative für Arbeit im Bistum Mainz e.V.
S.a. http://www.initiativearbeit.com.

nochimmer Verwendung finden. Schon daraus schloß sich für mich die Frage an: Wird dieser Begriff eigentlich überall deckungsgleich verwandt? Und: Gilt diese Bezeichnung heute im Alltag überhaupt noch so, wie sie dem Ursprung her glauben machen will (migrare [lat. Inf. aktiv]: wandern; (fort-) ziehen)?

Fortgesetzt habe ich den Prozeß meiner Überlegungen mit der Definition von Wikipedia. Üblicherweise sollte ja hiervon nicht zitiert werden, da es sich dabei nicht unbedingt um hochwissenschaftliche Aussagen und gesicherte Erkenntnisse handelt. In diesem speziellen Fall ging es mir aber gerade darum, zu erfahren, was das Volk mit diesem Begriff verbindet: „Als M. werden jene Menschen bezeichnet, die von einem Wohnsitz/Land zu anderen Wohnsitzen/Ländern wandern bzw. durchziehen" (vgl. Wikipedia, 2010). Noch ähnlich abstrakt verhält es sich mit der Angabe, nach der etwa die Bundeszentrale für politische Bildung definiert: Soziologische Bezeichnung für „Individuen, (religiöse, ethnische etc.) Gruppen, Minderheiten und Volksteile", die räumlich mobil sind (vgl. Politiklexikon von bpb.de, 2010). Auf eine wesentlich speziellere Erklärung dagegen stieß ich beim ESF[3], welcher auch in unmittelbarem Bezug zu seinem Auftrag schreibt: „Der Teilnehmer ist/dessen Eltern/Großeltern sind nach Deutschland zugewandert oder ausländischer Herkunft" (ESF, 2010). Zusammenfassend läßt sich also bis hierhin sagen, Migranten sind (im Land ihres Aufenthalts, hier: Deutschland) Fremde, sie sind fremder Nationalität, Angehörige anderer (hier auch häufig unterentwickelterer) Kulturen und Wertesysteme.

Im Kontexte meines Schaffens habe ich mich anschließend gefragt: Sind die heutigen Migranten, die jetzt vor dem Start in den Beruf stehen, überhaupt noch Migranten in dem Sinne, wie er der Literatur nach definiert wird? Ist diese Generation nicht schon „mehr Deutsch" als Angehörige ihrer ursprünglichen nationalen Herkunft (unabhängig davon, daß viele nach ihrem Paß bereits hiesige Staatsbürger sind; s.a.u.)? Wie viele Generationen müssen erst in Deutschland gelebt haben und aufgewachsen sein, bevor sie nichtmehr als Migranten gelten? Schließlich haben sie ihr Leben überwiegend hier gelebt, sind hier geboren, i.d.R. zur Schule gegangen und eben aufgewachsen. Auch wenn im Familienverbund und den sozialen Kontakten möglicherweise die Beziehungen zu Menschen mit dem selben Hintergrund besonders wichtig waren und sind, so hat sie das Leben in Deutschland

---

[3] Europäischer Sozialfonds

doch so geprägt, daß sie in den Ländern, die den ihnen vorausgegangenen Generationen noch Heimat war, mittlerweile dermaßen entfremdet sind, daß sie in den dortigen sozialen Kreisen häufig bereits als „die Deutschen" tituliert werden. Für diese Generation(en) ist die Heimat der Vorfahren meist nicht mehr mit ihrer eigenen kongruent: Sind sie dort, verspüren sie meist das eigenartige Gefühl, im Gegensatz zu ihren (Ur-/Groß-)Eltern dort nicht „zu Hause" zu sein: Deutschland ist, manchmal ohne daß sie es so recht bemerkt haben, zu ihrer eigenen Heimat geworden. Erst dort merken sie meist auch, welche Annehmlichkeiten und Vorteile eines hochmodernen und wieder weltweit geachteten Staates wie Deutschland sie durch den täglichen, zur Normalität gewordenen Gebrauch als all-täglich (sic!) und gegeben hinnehmen. Keiner darunter, für den Deutschland nicht zumindest zur Hälfte (neben der ursprünglichen) Heimat bedeutet (im Regelfall mehr, wie ich aus persönlicher Erfahrung und Gesprächen weiß).

Abgesehen davon, daß diese und die aus ihr entspringenden/entsprungenen Generationen in einer überalternden Gesellschaft notwendigerweise auch einen nicht unwesentlichen Teil der Zukunft Deutschlands darstellen (vgl. hierzu auch Süssmuth, Rita (2006): Migration und Integration [s. 6. b)]), stellt sich daher trotzdem die berechtigte Frage: Sind diese Migranten nochimmer sozial benachteiligt, wie es so oft dargestellt wird? Oder haben sie durch ihre Verschmelzung und ihr Leben hier, meist von Geburt an, dieses Manko nicht endlich abgelegt, zumindest teilweise? Es versteht sich von selbst, daß, wer partout nicht will, auch hier auf dem Stand und in den sozialen Zwängen/Verknüpfungen seiner Ahnen alt werden kann, ohne auch nur ansatzweise der Sprache der Menschen fähig zu sein, in deren Land er/sie lebt. Dies betrifft jedoch tatsächlich nur noch wenige (sehr) alte Menschen, die damals in der Nation ihrer eigentlichen Volkszugehörigkeit groß geworden sind. Es liegt in der Natur der Dinge, daß sich ein junger Mensch (sofern er nicht zu gegensätzlichem gezwungen wird) nach sozialen Kontakten zu Ähnlichaltrigen und Gleichgesinnten sehnt. In diesem Fall nimmt er daher unweigerlich auch Kontakt zu der Mentalität der Menschen und des Landes auf, in dem er lebt. Sie sind demnach in Deutschland geboren, aufgewachsen und zur Schule gegangen, hatten also von Anfang an im Grunde genommen dieselben Chancen wie ihre Deutschen Mitschüler. Warum jedoch ist der Anteil der schulschlechten Migranten dann heute immernoch so hoch?

Leider werde ich im Folgenden nur wenige dieser Fragen ausführen oder gar beantworten können. Dennoch zeigen bereits die ersten beiden Seiten, wie umfang- und facettenreich dieses Thema zu behandeln wäre. Nach den bislang eher allgemeineren Überlegungen über den Begriff an sich, möchte ich mich nun beschränken und näher auf den Punkt eingehen, der auch den nächsten Bezug zum Praxisfeld herstellt. Zur Einführung wird jedoch die rechtliche Lage vor Augen geführt, die den Status als Deutschen (oder eben nicht) bestimmt. Eine Unkenntnis derselben ließe eine Diskussion über Migranten (und ihren hiesigen Status) aufgrund unklarer Abgrenzung obsolet werden.

3. Bildungsbenachteiligung jugendlicher Migranten

Gemäß dem Grundgesetz ist Deutschland das Land der Deutschen. Es nimmt also direkten Bezug auf das Deutsche Volk. Im Unterschied etwa zu Frankreich beruht in diesem Land das Recht der Staatsbürgerschaft[4] auf dem der Abstammung: Nur, wessen entweder unverheiratete Mutter oder (bei ehelichen Lebensgemeinschaften) Vater kraft Gesetzt Deutsche/r ist, kann auch selbst Deutsche/r Staatsangehörige/r sein. In Frankreich dagegen gilt das sog. Territorialrecht, nach dem jeder Franzose ist (oder zumindest[5] werden kann), der auf französischem Hoheitsgebiet geboren wird, gleich wessen Nationalität die direkten Vorfahren angehören[6].

Eine Öffnung der bisher verfolgten Praxis in Deutschland wurde erst zum Ende der 90er Jahre hin vorgenommen: Nach dieser haben jetzt auch alle Kinder von Ausländern grundsätzlich das Recht, Deutsche Staatsbürger zu werden, wenn nachgewiesen werden kann, daß deren beide Elternteile erlaubtermaßen seit mindestens acht Jahren in Ausübung eines geregelten Arbeitsverhältnisses in der BRD leben. Generell ist es auch möglich, sich als Angehöriger eines Drittstaats in Deutschland einbürgern zu lassen; da dieser Prozeß jedoch mit hohen Auflagen verbunden ist, wird er nur äußerst selten praktiziert. Auch eine „Doppelte

---

[4] „Staatsbürgerschaftsrecht"
[5] in Fällen der sog. „Doppelten Staatsbürgerschaft"
[6] Hierin ist auch der Grund zu sehen, warum viele Angehörige von Drittländern versuchen, in französischen Überseegebieten ihre Kinder zu gebären. Zudem erwerben die Nachkommen damit das Recht, EU-Bürger zu sein.

Staatsbürgerschaft" ist zwar möglich, aber nur mit solchen Staaten, in denen das Territorialrecht gilt.

Noch nicht lange Standardbezeichnung in der Diskussion ist der Begriff der „Personen mit Migrationshintergrund". Die emotionale Aufgeladenheit in dessen Bezug erklärt sich dadurch, daß mit diesem eine Ungleichbehandlung verbunden ist: Zu dem damit gemeinten Personenkreis gehören nämlich z.b. nicht nur die „normalen" Angehörigen von Drittländern, die Arbeitsmigranten der 60er Jahre und deren Nachkommen, sondern auch die Aussiedler und Spätaussiedler Deutschen Stammes (z.b. Rußland-/Sudeten-Deutsche, als auch insbesondere all jene, die im Kriegszusammenhang flüchteten). Mit Hinweis auf ihre Verfolgung/Fluchtgründe etc. erhalten letztere unkompliziert und vergleichsweise schnell die hiesige Staatsbürgerschaft sowie einen Anspruch auf Eingliederungshilfen, während ersteren diese nicht zustehen: Folgerichtig wird somit schon eine „ideologische Unterscheidung zwischen ‚Heimkehrern' und Einwanderern festgeschrieben" (vgl. Baumgratz-Gangl 2008, S. 288). Während man sich noch vor dem „Mauerfall" um die Deutschen in den Sowjetrepubliken mittels geldwerter Leistungen bemühte (vgl. Bade/Oltmer 2004, S. 67 f.) betrifft der Streit um das Zuwanderungsgesetz jetzt nur die eingewanderten „Nicht-Deutschen". Der EU-Erweiterung war es schließlich geschuldet, daß aus den Einwanderern, die Deutschland aus vielen unterschiedlichen Staaten aufgesucht hatten (und noch ihre Heimatnationalität besaßen), EU-Bürger wurden. Diese (die „Arbeitsmigranten") waren v.a. Angehörige Italiens, Spaniens und Griechenlands und bekamen quasi über Nacht Niederlassungs- und Freizügigkeitsrechte, wie sie die EU-Staaten ihren Bürgern untereinander zugestehen.

Erst 2005 wurde die Kategorie des „Migrationshintergrundes" eingeführt, welcher über die Herkunft von (Groß-/)Eltern und die jeweilige Familiensprache ermittelt wird. In der Statistik wurde daraufhin statt 10% Ausländern ein Anteil von 20% „Menschen mit Migrationshintergrund" festgestellt (vgl. Bildungsbericht 2006, S. 137 ff.; Berufsbildungsbericht 2009, S. 20 f. [aktuell]).

Aufgrund der Wohnlage der Migrantenfamilien, die sich häufig in sozialen Brennpunkten ansiedeln (deren ohnehin hohe Migrantenanteile dadurch noch gesteigert werden), sind deren Kinder auch im schulischen Bereich deutlich benachteiligt: In der Regel werden sie direkt nach der Grund- Haupt- und

6

Sonderschulen zugewiesen. Dies jedoch stellt im Übrigen kein spezifisch Deutsches Problem dar, wie etwa Priska Sieber bei ihren (gleichermaßen gesamtschweizer als auch kantonspezifischen) Forschungen über den Umgang mit Migranten in den dortigen (26) Bildungssystemen feststellt: „Kinder und Jugendliche mit Migrationshintergrund werden überproportional häufig Bildungsgängen mit niedrigen Anforderungen und begrenzten Anschlußmöglichkeiten zugewiesen" (vgl. Sieber 2007, S. 287). Zurück in Deutschland: Bislang konnte noch nicht der Verdacht ausgeräumt werden, daß diese Zuordnungen zumindest teilweise willkürlich erfolgen oder sogar die Migrantenkinder eher als andere solchen Schulen zugewiesen werden (s.u.). Die Gründe sind jedoch auch anderer Natur: So kennen einfach viele Migranten-Eltern das Deutsche System zu wenig, womit sie ihre Kinder bereits im Vorfeld zu wenig unterstützen können. Häufig wird ihnen dies als Bildungsferne attestiert, obgleich viele auch die Zukunftschancen der Kinder erkennen, sie aber ob der Fremdheit des Systems nicht richtig einzusetzen/nutzen verstehen. So handelt es sich teilweise bei den Eltern auch um ausgebildete Fachkräfte ihres Heimatlandes, deren Abschlüsse jedoch in Deutschland nicht anerkannt werden[7], und sie so zu anderen (v.a. anspruchsloseren) beruflichen Tätigkeiten gezwungen werden.

Ebenfalls häufig unberücksichtigt bleibt in diesem Zusammenhang, daß diese Familien oft gänzlich anderen „(Lern-)Kulturen" (vgl. Baumgratz-Gangl 2008, S. 289) entstammen. So ist es möglich, daß in diesen (wie im gesellschaftlichen Verständnis der Türkei z.B.) dem Staat alleine die Aufgabe obliegt, die schulische Erziehung der Kinder zu gewährleisten. Die Eltern sind hierbei nicht nur „nicht involviert", sondern geradezu unerwünscht. Insgesamt betrachtet verwundert es daher nicht, daß Migranten als häufige Angehörige niedrigerer Schulformen (Haupt-/Sonderschulen) auch in der sich anschließenden Ausbildung häufig nicht die Resultate erreichen, die „ihrem Potential" entsprächen (vgl. Shell-Studie 2006: „Der Schulabschluß bleibt der Schlüssel zum Erfolg").

Allerdings hat auch die konstante Weigerung der Deutschen Gesellschaft, sich selbst als Einwanderungsgesellschaft (vgl. hierzu auch Bade/Oltmer, 2004) zu verstehen, dazu geführt, daß den arbeitsmigrierten Ehemännern nachziehenden Familien jahrelang die eigentlich notwendige und wünschenswerte Unterstützung vorenthalten blieb, mit deren Hilfe sie sich zugunsten des Schulerfolgs ihrer Kinder hätten

---

[7] oder Berufsbilder nichtmehr existieren/benötigt werden

einsetzen können, da sie über die hiesige (bildungs-)politische Kultur unterrichtet gewesen wären.

Ferner konnte anhand von Sekundäranalysen der aus der Pisa-Studie gewonnen Daten ermittelt werden, daß gerade bei Kindern und Jugendlichen mit Migrationshintergrund die alleinige Berücksichtigung von unterrichtsnahen Kompetenzen (z.B. Lesen, mathematisches Verständnis) die oft ursprünglicherweise vorhandenen, fachübergreifenden Kompetenzen (z.B. allgemeine Problemlösungskompetenz, auditiv-visuelle Komprehension) zurückdrängt oder gar unterdrückt, womit der Blick für vorhandenes Können verstellt wird. In der Literatur wird dieser Prozeß aktuell unter dem Stichwort „institutionelle oder strukturelle Diskriminierung" diskutiert und gelangte seither zu trauriger Berühmtheit (vgl. Walter et al.[8], 2006).

Überhaupt scheint derzeit bei der Schulorientierung, wie oben schon kurz erwähnt, die schulische Leistung generell eine untergeordnete Rolle gegenüber anderen, v.a. sozial motivierten Überlegungen zu spielen: „Die Hauptschule ‚genügt' für Migrantenkinder, denen zuhause die Unterstützung fehlt ... ist ein im empirischen Studien immer wieder (sic!) auftauchendes Argument" (vgl. Baumgratz-Gangl 2008, S. 289). In Deutschland herrscht die an Diskriminierung grenzende, erschreckende Tendenz, bspw. leistungsstärkere Migrantenkinder trotzdem Haupt- oder höchstens Realschulen (IGS: Hauptfächer B-Kurse) zuzuweisen, während nachweisbar leistungsschwächere Deutsche Schüler aus Mittelstandsfamilien (Beamte, Lehrer, Hochschullehrer, Mediziner, Rechtsanwälte etc.) ohne Bemühungen direkt eine Gymnasialempfehlung erhalten (vgl. Bildungsbericht 2006, S. 137 ff.).

Verständlicherweise blicken die Jugendlichen an Hauptschulen dann „nicht ganz so optimistisch" in die Zukunft wie ihre gymnasialen Altersgenossen: Die 15. Shell-Jugendstudie[9] zeigt eindrucksvoll, daß diese Schüler deutlich stärker besorgt sind ihren Arbeitsplatz zu verlieren bzw. keine adäquate Beschäftigung finden zu können als jene. Diejenigen, denen unberechtigterweise der Zugang zum Gymnasium verwehrt blieb (s.o.), wenden sich häufig anderen Aktivitäten zu, da sie die Lust an der Schule verloren haben. Somit ist mangelnde Intelligenz nur bei den wenigsten Jugendlichen mit Migrationshintergrund die Begründung für Schulversagen oder gar

---

[8] Walter/Ramm/Zimmer/Heidemeier/Prenzel; s. 6.a).
[9] 2006; vgl.: „Der Schulabschluß bleibt der Schlüssel zum Erfolg"

–abbruch. Die Hauptgründe für deren Abkehr und teilweise Ausstieg aus dem Bildungssystem werden heute in versagter Anerkennung und Nichtbeachtung gesehen (vgl. Baumgratz-Gangl 2008, S. 289). Dabei müssten von der Bildung innerhalb unseres bestehenden Systems Voraussetzungen geschaffen werden, die die von der Wirtschaft geforderten Schlüsselqualifikationen ebenso wie die für die Aufrechterhaltung einer lebenswerten Gesellschaft notwendigen unterstützen.

Aber auch bei der Suche nach einem Ausbildungsplatz oder einer Lehrstelle werden Jugendliche mit Migrationshintergrund trotz guter Deutsch-Kenntnisse und schönen Noten häufig benachteiligt: Bei den Verantwortlichen in Wirtschaft, Kammern und Betrieben scheinen aber unbewußte Ängste und/oder Vorurteile der Grund zu sein, daß die Gruppe der Subjekte dort in der Regel keine Stelle erhält. Daß dies erschreckenderweise tatsächlich der Fall ist, zeigen (mittlerweile berüchtigte) Experimente mit Bewerbungen, die einmal mit Deutschem und einmal mit ausländischem Namen an dieselben Firmen geschickt wurden: Obwohl eben noch mit ausländischem abgelehnt, wurde derselbe Lebenslauf mit Deutschem Namen „merkwürdigerweise" bewilligt.

Ohne Frage gibt es zwar auch Firmen, die anhand von (in ihren Augen) objektiven Tests die Einstellungschancen von Deutschen wie ausländischen Bewerbern auszugleichen suchen. Dabei verkennen diese aber unbewußt das Vorhandensein außerfachlicher Faktoren, z.B. die sprachliche Formulierung von Mathematikaufgaben oder den schnellen Rhythmus von Multiple-Choice-Tests.

Damit dürfte Konsens darüber bestehen, daß auch Sprache im alltäglichen Umgang, und besonders beim Versagen in der Schule bzw. bei der Bewerbung um Ausbildungsplätze/Stellen, eine unbestreitbar wichtige Rolle spielt. Deswegen sollte unbedingt versucht werden, die Bildungsbeteiligung von Migrantenkindern zu erhöhen, indem man bereits in Vorschule und Grundschule präventive Sprachförderungsmaßnahmen durchführt[10].

Um wieder zur eigentlichen Problematik, der verzweifelten Suche vieler Migranten nach einem Ausbildungsplatz zurückzukehren: Insgesamt werden die ohnehin schon sehr begrenzten Ausbildungsmöglichkeiten für Hauptschüler noch weiter zurückgehen, wie auch die bisherige Entwicklung zeigt: Konkurse von kleineren

---

[10] Damit werden zugleich auch die sozial benachteiligten Deutschen Kinder unterstützt, die häufig ebenfalls große sprachliche Defizite aufweisen.

Firmen wie großen Konzernen, vielerorts die Änderung von Unternehmensstrategien (Delokalisierung, Outsourcing) hin zur Option, nichtmehr selbst ausbilden zu müssen, sowie die Erfordernis höherer Bildungsabschlüsse für viele Sparten zugunsten der (Fach-/) Abiturienten, führen zu einem harten Wettbewerb der einzelnen Bewerber. Die wenigen überhaupt noch für Hauptschüler verbliebenen Ausbildungsplätze werden dem logischen Ablauf folgend dann vorwiegend durch Deutsche besetzt, wie oben schon erläutert wurde. Die Hauptopfer dieser Entwicklung schließlich sind besonders die Mädchen mit Migrationshintergrund: Während die Jungen noch in Arbeitsbereichen unterkommen können, in denen körperliche Kraft gefragt ist, bleiben den weiblichen Jugendlichen nurmehr Berufe, die kognitive Fähigkeiten oder wenig handwerkliches Geschick erfordern (vgl. Bildungsbericht 2006, S. 137 ff.).

Nicht selten wird die Situation zusätzlich durch die Migranten-Eltern verschärft, wenn etwa die Berufsbildung in den Heimatkulturen einen äußerst schlechten Ruf genießt, der diese quasi nurnoch als letzte Auffangstation sieht für diejenigen, die im allgemein bildenden Schulwesen (insbesondere in der mit der hiesigen Sekundarstufe II vergleichbaren Phase) versagt haben. Somit verwundert es nicht, wenn sich etwa die Begeisterung türkischer Eltern (infolge ihrer eigenen Erfahrung) in Grenzen hält, eine betriebliche Berufsbildung als hervorstechend attraktiv zu bezeichnen (zumal sie sich von der großen Anzahl unterschiedlicher Ausbildungsberufe in Deutschland kein Bild machen können). Dieser geringen Verbreitung ist es wohl auch zu schulden, daß z.B. türkische Migrantenjugendliche in nur zehn aller Ausbildungsberufe überhaupt vorkommen (vgl. Baumgratz-Gangl 2008, S. 292), was rund 2,9% entspricht. Auf den ersten Plätzen finden sich dabei der Kfz-Mechaniker bzw. die Friseuse.

Festzuhalten bleibt, daß die Betriebe bei ihrer Suche nach Auszubildenden nichtnur deswegen (Fach-/)Abiturienten bevorzugen (s.a.o.), weil aus ihrer Sicht insgesamt Überfluß an Bewerbern herrscht, sondern auch aus dem Wandel des Bedarfs resultierend, dem Hochqualifizierte eben besser gerecht werden als Mittel- oder Grundgebildete[11]. Einen Studiumsplatz zu finden ist heute selbst für allgemein-hochschulreife Abiturienten eine Herausforderung, von Fachabiturienten ganz zu schweigen. Deswegen beschreiten, trotz höherer Qualifikation, auch viele von diesen den Weg der Ausbildung.

---

[11] Bezogen auf die Schulbildung: (Fach-/) Abiturienten im Vergleich zu Real- oder Hauptschülern.

Es ist jedoch keine neue Erkenntnis, daß die hiesige Gesellschaft altert. Infolge dieser demographischen Entwicklung entsteht ihr also Nachwuchsmangel. Somit ist sie auf die Höherqualifizierung aller auf Deutschem Boden lebenden Jugendlichen dringend angewiesen. Die Zeit alleine allerdings wird zeigen, ob und inwiefern die Adressaten diese Herausforderung als Chance zu ergreifen wissen werden.

An zwei realen, aktuellen Fallbeispielen* soll im Folgenden skizziert und verglichen werden, wie unterschiedliche politisch-legale und soziale Bedingungen der Migration Bildungslaufbahnen und Zukunftschancen beeinflussen (können).

4. Fallbeispiele

Es soll vorausgeschickt werden, daß beide Protagonisten gemein-typischerweise auch selbst über Migrations-Erfahrungen[12] (hier v.a. Pendelmigration[13]) verfügen. Ferner handelt es sich bei beiden Jugendlichen um sog. „Arbeitsmigrantenkinder"[14] (vgl. Fürstenau/Niedrig 2007, S. 243) im Gegensatz z.B. zu Flüchtlingsjugend-lichen[15], deren erstere zudem noch den Status als EU-Bürger innehaben.

Luisa* wurde in Hamburg geboren und war das Kind zweier portugiesischer Arbeitsmigranten mit geringer formaler Bildung. Sie wuchs mit anderen, überwiegend Deutschen Kindern, in Fuhlsbüttel auf. Dort besuchte sie zunächst die Grundschule. Da sie recht ansehnliche, aber nicht überdurchschnittliche Leistungen erbrachte, ermöglichte man ihr den Besuch einer Gesamtschule. Luisa sprach gut und gerne Deutsch und hatte so schon früh den Wunsch gehegt, etwas aus dieser Bilingualität zu machen. Da sie auf der Realschule ebenfalls keine größeren Probleme hatte, besuchte sie, mit einem guten Realschulabschluß in der Tasche, nach der 10. Jahrgangsstufe ein Oberstufengymnasium in der näheren Umgebung. Um ihre Mehrsprachigkeit besser nutzen zu können, fasste sie schließlich den Entschluß, Fremdsprachenlehrerin zu werden. Hierzu besuchte sie nach Unterrichtsende über

---

[12] Gemeint ist hierbei der Prozeß der Migration vom Heimatland in die Bundesrepublik.
[13] Häufige Wohnortwechsel zwischen zwei Ländern.
[14] Motiv der Migration: Arbeitssuche/-platz der Eltern
[15] Politische, religiöse o.a. Verfolgungsopfer, die gem. EU-Definition aus einem „Nicht-EU-Land" stammen müssen. Ferner macht sie ihr Rechtsstatus in der BRD zum „Flüchtling" und damit als besonders schützenswert (vgl. Fürstenau/Niedrig 2007, S. 243 f.).
* Namen geändert.

lange Zeit täglich einen Portugiesisch-Unterricht, der in der Innenstadt von einem bestimmten Institut angeboten wurde.

Nach drei Jahren legte sie die Prüfung der Allgemeinen Hochschulreife ab, worauf ihre Familie sehr stolz auf sie war. Noch während der 13. Jahrgangsstufe bewarb sich das Mädchen um einen Studiumsplatz. Ob ihrer mittlerweile ausgezeichneten Zensuren erhielt sie gleichermaßen Angebote aus Hamburg und aus der portugiesischen Provinz, aus welcher nämlich die Familie stammte (also aus ihrer Herkunftsgegend).

Luisa* machte sich die Entscheidung nicht leicht, denn beide Optionen schienen ihr verlockend: Zum einen die Möglichkeit, nach nurmehr fast 20 Jahren wieder dauerhaft in der Heimat ihrer Vorfahren zu leben, auch mit den klimatisch ihr günstiger erschienenen Temperaturen, zum anderen der Gedanke, ihre Eltern, die sie noch finanziell nach Kräften unterstützten, nicht alleine in Deutschland lassen zu wollen. So dauerte es eine Weile, bis sie sich schließlich entschieden hatte, die Koffer zu packen und ein neues Leben in der alten Heimat zu beginnen.

Begünstigt wurde dieser Entschluß dadurch, daß bei den jungen Leuten in der „Communidad Puertogalese Hamburgoensis"[16] die Aufnahme eines Studiums im Heimatland gängige Praxis war. So verfügte Luisa* bereits über eine Anzahl Cousins und Cousinen, die vor ihr diesen Weg gegangen waren und ihr die Ankunft in ihrem Herkunftsort erleichterten. Zudem war sie der Ansicht gewesen, sie könne sich mit der Kombination aus Deutschem Abitur und einem portugiesischen Studienabschluß Lebens- und Arbeitsmöglichkeiten in beiden Ländern freihalten[17]. Zusätzlich erleichtert wurde ihr die Entscheidung, da ihr Bruder in Deutschland bleiben und bei den Eltern weiterleben wollte.

Während ihres Studiums nun bewohnt das Mädchen das Haus ihrer Eltern in Portugal, welches sich nahe der Stadt befindet, in welcher die von ihr besuchte Hochschule steht. In den Ferien führt sie ihre Reise häufig nach Hamburg, wo die Eltern mit ihrem Sohn nochimmer leben. Für die Zukunft erhofft sie sich, das Studium erfolgreich beenden zu können und möglichst in Portugal eine Stelle als Lehrerin für

---

[16] Soziales Netzwerk in Hamburg lebender Portugiesen; auch Luises*.
* Namen geändert.
[17] Woran sie nicht denken konnte war das neue Bachelor-System, nach welchem ein Studium hier wie dort gleichermaßen anerkannt und gewertet würde.

Portugiesisch und Deutsch[18] zu erhalten. In einigen Jahren möchte sie dann nach Möglichkeit ihre Eltern in die Heimat holen, damit diese ihre Rente dort genießen können.

Paulo* wurde wie Luisa* in Hamburg geboren, und wie ihre so waren auch seine Eltern einfache Arbeiter, die in Deutschland Anfang der 80er Jahre ihr Heil und ihre Zukunft gesucht hatten. Bereits mit einem Jahr migrierte Paulo* von HH-Eppendorf gen Portugal, wo er seitdem sein Leben bei den Großeltern verbrachte. Die Eltern hatten mit dieser Maßnahme beabsichtigt, daß er in frühen Jahren bereits eine heimatliche Bindung aufbauen sollte, vor allem Altersgenossen finden und Kontakte knüpfen. Bis hinauf in die vierte Klasse der Grundschule blieb er dort. In den Ferien kamen entweder seine Eltern nach Portugal oder er mit seiner Omi nach Norddeutschland, wo es seine Eltern mittlerweile zu einigem Ansehen gebracht hatten.

Der erste Bruch in Paulos* Leben ereignete sich kurz nach seinem elften Geburtstag, den er noch in Portugal verbracht hatte. In diesem frühen Alter beschloß er, seinen Lebensmittelpunkt wieder in Hamburg einzurichten. Obgleich er auch in seiner Heimat viele Freunde gefunden hatte, so hatte er sich doch dort nur dann wirklich zu Hause gefühlt, wenn seine Eltern dort auf Besuch weilten. So holte ihn seine Mutter schließlich ab und ihn damit wieder zu ihnen.

In einer speziellen Vorbereitungsklasse ergab sich für ihn die Möglichkeit, Deutsch zu lernen, wozu er einiges Talent hatte und sich selten schwer tat. Parallel wurde er vorsichtshalber auf einer Eppendorfer Hauptschule untergebracht, doch schon bald zeigte sich, daß sein Engagement ihn zu Höherem streben ließ. So konnte er schon nach kurzer Zeit auf eine Realschule wechseln. Seine auch hier guten Leistungen bewogen die Eltern, ihn bei einem bestimmten Institut in der Innenstadt zu zusätzlichem Portugiesisch-Unterricht anzumelden. Hier kreuzte sich sein Weg auch mit Luises*.

Sozial war Paulo* auch in Deutschland daher stets gut eingebunden, und schon bald wurde sein Revier auch zu seiner „Heimat". Durch den Kontakt zu den richtigen Freunden und deren Eltern ergab sich für Paulo* die Möglichkeit eine Höhere Handelsschule zu besuchen. Zur Freude seiner Eltern und der Verwandten in der Heimat erreichte er mit etwas Engagement über diesen Weg die Fachhochschulreife.

---

[18] Deutsch ist in Portugal Schulfremdsprache.

Da er hier ebenfalls eine gute Figur abgab, bewarb er sich bald bei Firmen in Deutschland wie in Portugal um einen Ausbildungsplatz in verschiedenen Berufsbildern, die alle mit Handel im weitesten Sinne zusammenhingen. Hierbei reizte ihn besonders die Vorstellung, in Deutschland bei seinen Eltern und Freunden, also seinem gewohnten sozialen Umfeld bleiben zu können, zumal er mittlerweile ja fast ebenso gut Deutsch wie Portugiesisch sprach.

Zugleich jedoch spürte er nach jedem seiner zwischenzeitlich häufigen Portugal-Urlaube[19] auch ein Verlangen danach, gerne in Portugal leben und arbeiten zu wollen, da insbesondere die klimatischen Verhältnisse in Deutschland mit den teils langen und dunklen Wintern ihm einige psychische Schwierigkeiten bereiteten. Außerdem schätzte er es, das Meer nicht nur in greifbarer Nähe zu haben, sondern auch darin schwimmen zu können. Dies war -in der meist kühlen Nordsee- bislang nur selten möglich gewesen.

Schlußendlich mag auch das leicht höhere Gehalt und die Verbundenheit mit dem sozialen Umfeld in Paulos* Fall den Ausschlag dafür gegeben haben, in Deutschland zu bleiben und eine Ausbildung zum Groß- und Außenhandelskaufmann im dualen Berufsbildungssystem bei einer großen Reederei zu beginnen.

Er wünscht sich, daß sein Ausbildungsbetrieb ihn übernimmt, der schon jetzt von seinen Sprachkenntnissen bei zahlreichen Südamerikakontakten profitiert. Paulo* würde in diesem Fall in Deutschland wohnen bleiben bzw. seinen Wohnort flexibel nach den Planungen seines Wunsch-Arbeitgebers abhängig machen.

Zusammenfassend konnte beobachtet werden, daß beiden Migranten-Jugendlichen, Luisa* wie Paulo*, ein sozialer Aufstieg glückte, aus dem „typischen Gastarbeitermilieu" (vgl. Fürstenau/Niedrig 2007, S. 245) heraus. In beiden Fällen wirkte sich zudem die Mobilität zwischen Deutschland und ihrem Heimatland Portugal äußerst positiv aus: So hatte Luisa* z.B. die Möglichkeit, sich zwischen einem Studium in Portugal und Deutschland frei entscheiden zu können. Auch bei Paulo* gestaltete sich die Situation ähnlich: Dadurch, daß er bereits sehr gute portugiesische Sprachkenntnisse hatte, blieb ihm die Wahl, sich in Deutschland oder seiner Heimat für einen Ausbildungsplatz zu bewerben. Seine Bilingualität wird ihm vermutlich auch nach der Ausbildung Vorteile einbringen, denn sein Betrieb profitiert

---

* Namen geändert.
[19] Indiz für Pendel-Migration.

bereits jetzt an ihr: Damit steigt für ihn bereits die Chance, auch nach der Ausbildung für dieses Unternehmen (z.B. im für Paulo* klimatisch angenehmeren Südamerika-Raum) tätig zu sein.

Wie viele Jugendliche mit portugiesischem Hintergrund bewegen sich beide also in so genannten transnationalen sozialen Netzwerken: Diese zeichnen sich dadurch aus, daß sie zum einen in die Herkunftsgesellschaften der Migration integriert sind, und zum anderen ihre Orientierung der Gemeinschaften der (Re-) Migranten in Deutschland und Portugal gilt. Im Gegensatz zu den schon mehrfach erwähnten „Gastarbeitern" unterliegen sie in ihren Lebensentwürfen jedoch keinen rechtlichen Einschränkungen, denn sie sind (als Portugiesen seit 1992) EU-Bürger.

5. Fazit: Punktecharta

Es sollte durch die vorangegangenen Überlegungen offensichtlich geworden sein, daß die Migranten, welche in Deutschland leben, nicht alleine für ihre oft prekäre und nicht zufriedenstellende Lage verantwortlich sind und sein können. Demnach liegt es auch an unserem Land, Bedingungen zu schaffen, welche es jugendlichen Migranten erleichtert, sich in Deutschland einzufinden und qua Ausbildung ihren Platz in der Gesellschaft einzunehmen. Dazu habe ich im Folgenden einige wichtige Punkte, die mir während der Lektüre zu diesem Projekt besonders ins Auge stachen, zu einer Charta zusammengefasst, die zugleich Fazit meiner Ausführungen sein soll.

Anforderungen an ein migrantenjugendlichenausbildungsfreundliches Deutschland

- Zugangsbarrieren in Ausbildung und Beschäftigung abbauen sowie die Ausbildungsbeteiligung jugendlicher Migranten erhöhen

Hierzu zählt z.B., die Einstellungskriterien und –tests künftig so zu verändern, daß nichtmehr Deutsche automatisch den Vorzug vor ausländischen Bewerbern mit selber Leistung erhalten. Aktive Benachteiligung letzterer ist ohnehin zu unterbinden und muss als Diskriminierung dargestellt werden.

In Extremfällen sollte ein Studium/eine Ausbildung für Migranten auch dann möglich sein, wenn die betreffende Person aufgrund nicht von ihr zu vertretender Gründe keine Identitätspapiere des Heimatstaates vorweisen kann oder staatenlos ist, sofern sich diese Person bereits in Deutschland bewährt hat und nichts gegen sie vorliegt.

- Bikulturelle Qualifikationen und Kompetenzen sollten von Wirtschaft und Gesellschaft als Kapital erkannt und genutzt statt als Ausschlußkriterium eingesetzt werden

So sollte z.B. in Schule und Unterricht intensiv nachgeforscht werden, über welche besonderen Fähigkeiten die ausländischen (wie alle) Kinder verfügen, und diese dann verstärkt als Mittel der Kommunikation zwischen „den Kulturen" genutzt werden. Das Verhältnis sollte seitens des Lehrkörpers von einem wohlwollenden Verständnis bestimmt sein. Als konkrete Forderung an höhere Stellen gilt daher die

Festschreibung entsprechender Qualifikationen in Aus- und Weiterbildungsregelungen seitens des BMBF [20].

- Ausbildungssituationen in Unternehmen, die in Deutsch-land von Migranten geführt werden, deutlich verbessern, um sowohl für Migranten als auch Deutsche zusätzliche Arbeitsplätze zu erschließen

Deutschland ist ein „Land der Einwanderer" (vgl. Baumgratz-Gangl 2008, S. 287 ff.): Sowohl im dienstleistenden als auch im produzierenden Gewerbe, den traditionellen Stärken der BRD, haben sich Unternehmer etabliert, die ursprünglich aus anderen Ländern kamen und hier eine neue Existenz gründeten. Sie haben und hatten Teil an der Entwicklung, die Deutschland an die Spitze der Welt zurückkehren ließ. Heute sind diese Arbeitgeber, auch für viele Deutsche, und bilden selbst Fachkräfte aus. Dennoch wird dieses Potential bis heute nicht ansatzweise ausgeschöpft.

---

[20] Bundesministerium für Bildung und Forschung.

- Abbrecher- und Wiederholerquoten der Migranten in Schule und Ausbildung deutlich senken

Einige Wege, wie dies geschehen könnte, wurden im Rahmen meiner Ausführungen bereits geschildert, auf welche in diesem Zusammenhang daher nichtmehr gesondert eingegangen werden soll. Ein konkreter Weg (unter vielen) wäre etwa der folgende:

- Präventive Sprachförderungsmaßnahmen in Vor-/Grund- schule installieren, um Bildungsbeteiligung der Migran-tenkinder weiter zu erhöhen

Wie schon weiter oben festgestellt wurde, ist Sprache das zentrale Element, um sich in einem fremden Land und einer unbekannten Kultur zurechtzufinden. Deswegen sollte der frühestmöglichen Förderung in diesem Bereich höchste Priorität eingeräumt werden. Spätestens mit der Vorstellung in der Grundschule zum Ende der Kindergartenzeit hin muss das sprachliche Potential des Kindes und die Erforderlichkeit eines Sprachtrainings in Deutsch fachlich eingeschätzt werden, denn spätestens in der fünften Klasse wird es mit Englisch eine („weitere") Fremdsprache erlernen müssen. Wie sollte dies gelingen, wenn das Kind nichteinmal der Unterrichtssprache fähig ist?

6. Literatur

a) Literaturverzeichnis

Bade, Oltmer, 2004: Ost-West-Flucht, Ausländerbeschäftigung und Asylpolitik in der DDR 1949–1989/90; in: (ebd.) 2004: Normalfall Migration. Deutschland im 20. und frühen 21. Jahrhundert, Bonn 2004

Baumgratz-Gangl, 2008: Verbesserung der Bildungs- und Ausbildungsbeteiligung von Migrant(inn)en im Übergang Schule — Ausbildung — Beruf; in: Hentges, Hinnenkamp, Zwengel (Hg.) 2008: Migrations- und Integrationsforschung in der Diskussion, Wiesbaden 2008

Berufsbildungsbericht 2009: Bundesministerium für Bildung und Forschung (BMBF), Referat Grundsatzfragen der beruflichen Bildung: ebd., Bonn 2009

Bildungsbericht 2006: Konsortium Bildungsberichterstattung i.A. der Ständigen Konferenz der Kultusminister (KMK) der Länder und des Bundesministeriums für Bildung und Forschung (BMBF): W. Bertelsmann Verlag GmbH & Co KG (Hg.), Bielefeld 2006

Engelke, 2003: Die Wissenschaft Soziale Arbeit. Werdegang und Grundlagen, Freiburg (Brsg.) 2003

ESF, 2010: Defintionshilfe Migrant; in: Monitoring-Portal 2007-2013 des Europäischen Sozialfonds für die Menschen in Hessen; online unter https://portal.esf-hessen.de/esfHessen/jsp/content/controlcenter/start.jsf (selektierter Zugang); Stand: 12.03.10

Fürstenau, Niedrig, 2007: Jugend in transnationalen Räumen – Bildungslaufbahnen von Migrantenjugendlichen mit unterschiedlichem Rechtsstatus; in: Geisen, Riegel (Hg.) 2007: Jugend, Partizipation und Migration – Orientierungen im Kontext von Integration und Ausgrenzung: Teil 3 – Bildung und Mobilität, Wiesbaden 2007

Politiklexikon von bpb.de, 2010: Migration; online einsehbar über http://www.bpb.de -> Online-Lexika, Suchbegriff: ebd., Stand: 10.03.10; aus: Schubert, Klein: Das Politiklexikon. 4., aktualisierte Auflage, Bonn 2006

Shell-Jugendstudie Nr.15 (2006): Jugend 2006 – eine pragmatische Generation unter Druck: Fischer Taschenbuchverlag (Hg.), München 2006

Sieber, 2007: Der Umgang mit migrationsbedingter Vielfalt im Bildungswesen – historisch gestaltete Institutionen als Rahmen für Ausgrenzungsprozesse; in: Geisen, Riegel (Hg.) 2007: Jugend, Partizipation und Migration – Orientierungen im Kontext von Integration und Ausgrenzung: Teil 3 – Bildung und Mobilität, Wiesbaden 2007

Walter/Ramm/Zimmer/Heidemeier/Prenzel, 2006: Pisa 2003 – Kompetenzen von Jungen und Mädchen mit Migrationshintergrund in Deutschland: ein Problem ungenutzter Potentiale?; in: Unterrichtswissenschaft, 34. Jg. (2006), Heft 2, S. 146 ff., Weinheim (Bergstr) 2006

WikipediA – Die freie Enzyklopädie, 2010: Migrant; online unter http://de.wikipedia.org/wiki/Migrant; Stand: 09.03.10

b) Weiterführende Literatur zur Vertiefung in die Thematik

Melter, 2007: Sekundärer Rassismus in der SA; in: Geisen, Riegel (Hg.) 2007: Jugend, Partizipation und Migration – Orientierungen im Kontext von Integration und Ausgrenzung: Teil 2 – Ausgrenzung und Integration, Wiesbaden 2007

Oltmer, 2002: Schriften des Instituts für Migrationsforschung und interkulturelle Studien der Universität Osnabrück, 7. Jg. (2002), Band 11

Süssmuth, 2006: Migration und Integration – Testfall für unsere Gesellschaft, München 2006